Bootstrap

Principiantes

Diseño rápido y sencillo para el programador web y de apps

I0504486

Bootstrap 4 – Para Principiantes por
Marcelo Carlos Cancinos

Copyright © 2020 Marcelo Carlos Cancinos

Todos los derechos reservados.

ISBN: 9798613656271
Imprint: Independently published

CONTENIDO

Que es Bootstrap?

Es el Framework de CSS más popular. Se entiende por Framework a un entorno de trabajo, un conjunto de prácticas y criterios para enfocar una problemática en particular. Mientras que CSS (Hojas de Estilo en Cascada - Cascading Style Sheets) es un lenguaje de diseño grafico, para estilos de documentos tipo HTML o de lenguaje de marcado.

No se necesita tener conocimiento previo de Bootstrap, pero si un poco de html, css y javascript.

Bootstrap es Open Source, lo que significa que es de código abierto y gratuito. Permite la creación de diseños bonitos en tiempos muy cortos de desarrollo. Adaptable a diferentes navegadores y dispositivos ya que es multiplataforma, interfaces responsive y diseño adaptativo. Y también Mobile First, lo que permite crear una versión optimizada para dispositivos móviles y luego ampliar al web. Ya que bootstrap no solo permite el diseño de aplicaciones sino que también favorece el diseño web, y agiliza la estilización de la interface del usuario, ósea la parte con la que el usuario interactúa.

Una de las ventajas de Bootstrap es que por su gran agilidad y rapidez a la hora de diseñar, es posible crear prototipos, osea generar un prototípico de un producto muy rápidamente, con un diseño agil, adaptable y agradable, de fácil modificación.

Podemos resumir diciendo que Bootstrap es una librería o conjunto de estilos css y al ser un freamework popular en la web se suele encontrar muchas plantillas y códigos de ejemplo o plugins de javascript para animaciones o comportamientos, también es robusto ya que se encuentra todo el tiempo en revisión y desarrollo.

Como utilizarlo:

Básicamente existen dos formas de comenzar a utilizar Bootstrap. La primera es mediante la CDN y la segunda, descargándolo. Ya sea una descarga directa desde el sitio o mediante administradores de paquetes (package manager) como el npm, bower, yarn.

CDN (Content Delivery Network) / Descarga:

La cdn es la forma más sencilla de utilizar bootstrap, ya que solo hay que copiar una dirección web dentro de nuestro archivo de html. Si bien esta, es la forma mas rápida, al utilizar cdn, cada vez que se cargué nuestro sitio web se leerán los archivos css y js del servidor de bootstrap. La ventaja de esto que al mismo tiempo es una desventaja, es que si bootstrap hace una modificación de su código, esto afectara de forma directa a nuestro sitio web o app. Mientras que si nosotros optamos por la opción de descargar bootstrap en nuestro server, nadie, solo nosotros, modificara dicho código o archivos css. Y por lo tanto nos permite mayor flexibilidad el descargar el código a la hora del diseño, ya que podemos modificar el código, estilos y comportamientos bootstrap a nuestro antojo.

Para comenzar:

Comencemos por decir que el sitio oficial de Bootstrap es **getbootstra.com**, aquí podemos encontrar ejemplos, tutoriales, temas, documentación e información de cómo utilizar la cdn y los links de descargas, ya sea descarga directa o a través de manejadores de paquetes.

También encontraremos una zona Premium para usuarios que necesiten diseños más profesionales prediseñados con nuevos plugins, componentes, documentación y herramientas de construcción.

Para esto último, podemos entrar en **themes.getbootstrap.com** y adquirir el tema que as se adapte a tus gustos y necesidades, por un costo aproximado de $49.00 igualmente, recuerda que bootstrap es una herramienta gratuita y es ahí donde nos dedicaremos.

También vale aclarar, que aparte del sitio oficial de temas de bootstrap, hay muchos sitios no oficiales, incluso algunos con temas gratuitos, pero ahí ya Bootstrap no se responsabiliza por el código erróneo o malicioso que pudiera surgir de la modificación de lo desarrollado por la empresa.

Descarga:

En el link de descarga del sitio oficial de bootstrap podemos encontrar diferentes formas de usarlo.

Css y Js compilado:
Aquí se descargan los archivos de bootstrap. Y estos, en forma conjunta con los archivos de nuestro proyecto estarían listos para ser subidos a un servidor y utilizarlos.

Archivos Fuentes:
Es similar a la opción anterior, pero también se descargan los Sources de desarrollo de bootstrap junto con algunas otras herramientas.

Cdn Bootstrap:
Solamente con copiar los enlaces en nuestro archivo **html** es suficiente. Lo recomendable es que el enlace **<link>** lo ubiquemos en nuestra área **<head>** como lo vemos en el ejemplo de abajo y que los **<script>** los ubiquemos al final del bloque **<body>**, ya que los script de java tardan un poco más en cargar y es conveniente que nuestro sitio web se comience a ver inmediatamente con sus estilos **css** para tener un buen diseño y por ultimo tendremos tiempo para cargar los script de java que nos darán el comportamiento adecuado.

```html
<!DOCTYPE html>
    <html lang="es" dir="ltr">
    <head>
    <meta charset="utf-8">
    <title>Web de prueba</title>
    <link rel="stylesheet"
href="https://stackpath ... >
    </head>
    <body>
    <h1>Esto es una Prueba</h1>

<script src="https://code.jquery.com/ ... ></script>
<script src="https://cdnjs.cloudflare.com/ajax/ ...
></script>
<script src="https://stackpath.bootstrapcdn.com/ ...
></script>

</body>
</html>
```

En este ejemplo el código de los links y de los script fue resumido por cuestiones didácticas de espacio. Para obtener el código completo se recomienda entrar al area de descarga del sitio oficial de bootstrap.

Administrador de Paquetes:

Es similar a descargar bootstrap como la segunda opción, pero es útil si lo utilizamos en NodeJs, Ruby, .NET, .php. Estos utilizan los Package Managers de sus sistemas como **npm** en NodeJs. Las diferentes formas de utilizar estos administradores de paquete están en el sitio web de Bootstrap. Así que aquí solo pondré el ejemplo del **npm** de NodeJs.

```
$ npm install bootstrap
```

Ya veremos su utilización dentro de un entorno de trabajo de NodeJs en un ejemplo más adelante.

Tipografías:

Una buena forma de comenzar a aprender bootstrap es viendo sus estilo de diseño, y para eso es fundamental comenzar por las tipografías.
Como vimos bootstrap redefine el estilo que viene por defecto en el navegador y hace compatible que un estilo que se ve de una forma en un navegador se va de la misma forma en un navegador diferente o en un dispositivo diferente. Expliquemos esto con un ejemplo. Internet Explorer tiene sus tipografías por defecto, por ejemplo para una etiqueta **<h1>**, mientras que para la misma etiqueta Google Chrome podría tener otra tipografía u otro tamaño. Lo mismo pasa si nosotros vemos nuestra página web en un portátil o en un teléfono móvil.

Bueno, bootstrap soluciona esto poniendo para todos los navegadores y todos los dispositivos la misma tipografía y tamaño de tipografía para sus diferentes clases. Por lo tanto si usamos una clase **class="h1"** o una **<h1>** deberíamos verlo de la misma forma en los diferentes dispositivos y/o navegadores. Es por eso que me parece bueno comenzar por las tipografías en este libro. De esta forma podremos observar cómo se verá nuestro contenido.

Veamos cómo se verían estos estilos en los encabezados (heading).

Encabezados:

Recordemos que las etiquetas html de encabezados, van desde la **<h1>** hasta la **<h6>**, en la *imagen 1,* podemos apreciar cómo se verían.

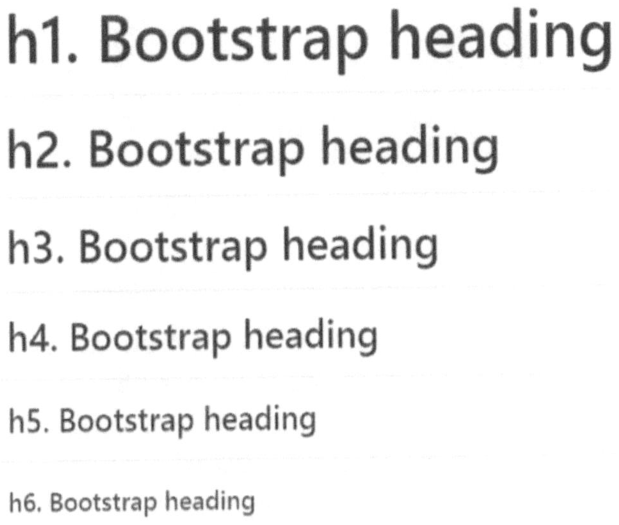

h1. Bootstrap heading

h2. Bootstrap heading

h3. Bootstrap heading

h4. Bootstrap heading

h5. Bootstrap heading

h6. Bootstrap heading

Imagen 1

Para lograr este resultado, es posible hacerlo de la forma convencional que es usando las etiquetas de tipo <h>

```
<h1>h1. Bootstrap heading</h1>
<h2>h2. Bootstrap heading</h2>

<h3>h3. Bootstrap heading</h3>

<h4>h4. Bootstrap heading</h4>

<h5>h5. Bootstrap heading</h5>

<h6>h6. Bootstrap heading</h6>
```

O también podemos usar cualquier tipo de etiqueta, como por ejemplo una etiqueta de párrafo tipo **<p>** y decirle que use la clase de bootrstrap que tiene un estilo en particular, por ejemplo un tipo **h1**. De esta forma, veamos un ejemplo de cómo lograr el mismo resultado de la *imagen 1*, utilizando esta vez etiquetas de tipo **<p>**.

```
<p class="h1">h1. Bootstrap heading</p>

<p class="h2">h2. Bootstrap heading</p>

<p class="h3">h3. Bootstrap heading</p>

<p class="h4">h4. Bootstrap heading</p>

<p class="h5">h5. Bootstrap heading</p>

<p class="h6">h6. Bootstrap heading</p>
```

Veamos otro ejemplo con un encabezado **<h3>**, pero esta vez utilizaremos la etiqueta **<small>** para recordarnos, esta etiqueta reduce el texto un poco con respecto al tamaño que esta en usa. Pero no será el resultado de **small** lo que nos interesa, sino la clase que meteremos dentro que será una **class="text-muted"** que nos dará la sensación de silencio visual o mejor dicho una disminución o de saturación del texto. Se explica mejor viendo la *imagen 2*.

Fancy display heading With faded secondary text

Imagen 2

Veamos el código necesario para generar este ejemplo.

```
<h3>
Fancy display heading
<small class="text-muted">With faded secondary
text</small>
</h3>
```

Todos estos ejemplos pueden ser encontrados accediendo al sitio web de bootstrap en el siguiente enlace:

https://getbootstrap.com/docs/4.3/content/typography/

Encabezados de Display:

El sitio de bootstrap nos dice que los encabezados convencionales, ósea los de etiqueta tipo <h> nos permite tener un diseño en nuestro sitio o aplicación de formato estándar, pero si deseásemos unos encabezados de un tamaño superior, ellos nos facilitan sus **encabezados de display**, veamos la *imagen 3* donde se aprecian y luego un ejemplo de código de como generar dicho efecto.

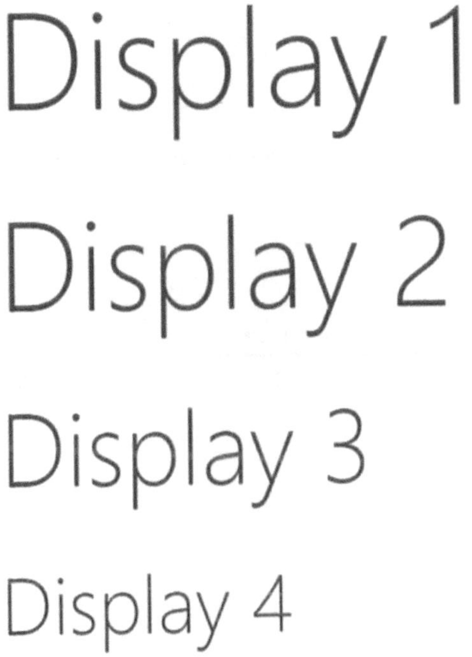

Display 1

Display 2

Display 3

Display 4

Imagen 3

```
<h1 class="display-1">Display 1</h1>
<h1 class="display-2">Display 2</h1>
```

```
<h1 class="display-3">Display 3</h1>
<h1 class="display-4">Display 4</h1>
```

Clase Lead:

Veamos ahora el ejemplo de un párrafo con una tipografía utilizada en la clase lead.

Vivamus sagittis lacus vel augue laoreet rutrum faucibus dolor auctor. Duis mollis, est non commodo luctus.

Imagen 4

```
<p class="lead">
Vivamus sagittis lacus vel augue laoreet rutrum dolor auctor. Dios mollis, est non commodo luctus.
</p>
```

Estilos de Texto:

Aquí en la *Imagen 5*, es fácil de ver el ejemplo y como hasta ahora veremos debajo el código necesario para generarlo.

You can use the mark tag to highlight text.

~~This line of text is meant to be treated as deleted text.~~

~~This line of text is meant to be treated as no longer accurate.~~

This line of text is meant to be treated as an addition to the document.

This line of text will render as underlined

This line of text is meant to be treated as fine print.

This line rendered as bold text.

This line rendered as italicized text.

Imagen 5

```
<p>You can use the mark tag to
<mark>highlight</mark> text.</p>
<p><del>This line of text is meant to be treated as
deleted text.</del></p>
<p><s>This line of text is meant to be treated as no
longer accurate.</s></p>
<p><ins>This line of text is meant to be treated as an
addition to the document.</ins></p>
<p><del>This line of text is meant to be treated as
deleted text.</del></p>
<p><u>This line of text will render as
underlined.</u></p>
<p><small>This line of text is meant to be treated as
fine print.</small></p>
<p><strong>This line rendered as bold
text.</strong></p>
<p><em>This line rendered as italicized
text.</em></p>
```

Alineación:

Veamos las diferentes opciones para alinear el blockquote.

```
<blockquote class="blockquote">
 <p class="mb-0">Vivamus sagittis lacus vel augue
laoreet rutrum dolor auctor. Dios mollis, est non
commodo luctus.
 </p>
</blockquote>
```

En este ejemplo de acá arriba podemos ver cómo utilizar la clase blockquote sin alineación y hemos puesto una marca de párrafo dentro. Para aquellos que no lo sepan la marca blockquote se suelen utilizar para insertar textos que hacen referencia a sitios externos o notas. Por lo tanto es muy común agregar una maca de pie de página dentro de estos bloques bockquote. Veamos un ejemplo con la marca **<cite>** pero usaremos para el blockquote el estilo blockquote-footer

```html
<blockquote class="blockquote">
 <p class="mb-0">Vivamus sagittis lacus vel augue
laoreet rutrum dolor auctor. Dios mollis, est non
commodo luctus.
 <footer class="blockquote-footer">Someone famous
in <cite title="Source Title">lSoruce
Title</cite></footer>
 </p>
</blockquote>
```

La clase blockquote tiene por defecto una alineación a
la izquierda, pero podemos darle una a la derecha o
centrada.

```html
<blockquote class="blockquote text-center">
```

```html
<blockquote class="blockquote text-right">
```

Por último en esta parte del sitio web de bootstrap nos
habla de las listas.

Pero no solo los blockquote se pueden alinea, sino que
también otras marcas de html como las marcas de
párrafo **<p>**, veamos las alineaciones, izquierda,
derecho, centro y justificado.

```html
<p class="text-left">Texto de Prueba</p>
```

```
<p class="text-right">Texto de Prueba</p>

<p class="text-center">Texto de Prueba</p>

<p class="text-justify">Texto de Prueba</p>
```

Alineación Adaptable:
Dependiendo del tamaño de la pantalla del dispositivo, los textos pueden cambiar su alineación, veamos cuales son estos tamaños de pantalla.

SM (small) pequeño
MD (Medium) medio
LG (Large Grande
XL (Xtra Large) Extra Grande

Lo que sucederá es que para diferentes tipos de dispositivos o mejor dicho tamaños de pantallas, podemos tener diferentes alineaciones, vamos un ejemplo.

```
<p class="text-sm-right">Texto de ejemplo</p>
<p class="text-md-left">Texto de ejemplo</p>
<p class="text-lg-center">Texto de ejemplo</p>
```

De esta forma para pantallas **small**, nuestro **Texto de ejemplo**, se alineara a la derecha. Si cambia el tamaño de la pantalla, ya sea porque cambia el tamaño del explorador o se gira la pantalla del celular o cambia la resolución de la pantalla o se cambia de dispositivo a un tamaño medio, entonces el **Texto de ejemplo** se verá a la izquierda según nuestro ejemplo y al centro para una pantalla grande.

Si para el caso solo se usara la alineación sin indicar el tamaño de la pantalla, entonces para cualquier tamaño esa será nuestra alineación.
También podemos hacer una alineación vertical.

baseline top middle bottom text-top text-bottom

Imagen 6

```
<span class="align-baseline">baseline</span>
<span class="align-top">top</span>
<span class="align-middle">middle</span>
<span class="align-bottom">bottom</span>
<span class="align-text-top">text-top</span>
<span class="align-text_bottom">text-bottom</span>
```

Fijación:

La clase de fijación es usada para generar una suerte de objeto o grupo de objetos que se fijaran en la pantalla en una posición especifica.
Una opción es por ejemplo fijar el texto en la parte superior, de esta forma si se continúa bajando con la barra de desplazamiento veremos que el texto fijado permanece arriba.

```
<h1 class="fixed-top">texto fijo</h1>
```

El otro ejemplo que nos puede interesar es fijar un texto, pero esta vez en la parte inferior de la pantalla. Esto se haría de la siguiente manera:

```
<h1 class="fixed-bottom">texto fijo</h1>
```

De esta manera se podría generar un perfecto pie de pagina.

Algo similar a la fijación son aquellas navegaciones, banners o textos que de la misma forma que la fijación quedan posicionados en algún lugar pero se mueven y se quedan fijados solo cuando se alcanza la posición deseada, por ejemplo la parte superior. También se los conoce como pegajosos o sticky

```
<h1 class="sticky-bottom">texto fijo y pegajoso abajo</h1>
```

```
<h1 class="fixed-top">texto fijo y pegajoso
arriba</h1>
```

Cambiando el color:

Veamos los colores por defecto que nos brinda bootstrap. En el caso de lo colores, no se los nombra por defecto como rojo, amarillo o verde. Sino que se les ha asignado una clase que representa un estado. Por ejemplo un color rojo puede ser un estado de peligro. De esta forma cualquier etiqueta que use una clase de tipo color peligro se vera de color rojo, ya sea texto o fondo. Esto es muy útil para cuando estamos creando aplicaciones y queremos marcar el estado o el tipo de texto.

Veamos algunos ejemplos de textos con color y luego una fondo también con color. Por supuesto que se puede recurrir a hacer combinaciones, como un fondo con un color y un texto de otro color (véase el último ejemplo de esta lista de ejemplos). Aclaracion, si bien en este ejemplo use una etiqueta de marca de tipo **<h1>**, recuerde que la etiqueta de marca puede ser de cualquier tipo, ejemplo una **<p>** de párrafo.

```
<h1 class="texto-primary">texto de color celeste</h1>
```

```
<h1 class="text-success">texto de color verde</h1>
```

```
<h1 class="text-info">texto de color verde agua</h1>
```

```
<h1 class="text-warning">texto de color
amarillo</h1>
```

```
<h1 class="text-success">texto de color verde</h1>
```

```
<h1 class="text-danger">texto de color rojo</h1>
```

```
<h1 class="text-dark">texto de color oscuro</h1>
```

```
<h1 class="text-white">texto de color blanco</h1>
```

```
<h1 class="invisible">texto de color invisible</h1>
```

```
<h1 class="bg-info">el fondo del texto es de color verde agua</h1>
```

```
<h1 class="bg-primary">en este caso el fono es celeste</h1>
```

```
<h1 class="bg-dark text-white">texto blanco con fondo oscuro</h1>
```

Espaciados:

Cuando hablamos de espaciados nos referimos al **margin** y al **padding** de los elementos. Vale aclarar que esta clase puede sr usada en cualquier marca de html. Haremos referencia a los **margin** con la letra **m** y a los **padding** con la letra **p**.

Luego se le debe colocar una segunda letra que nos indica a qué tipo de **margin** o **padding** hacemos referencia.

T	Top	Arriba
B	Bottom	Abajo
L	Left	Izquierda
R	Right	Derecha
X	Both X	Ambos Izquierda y Derecha
Y	Both Y	Ambos Arriba y Abajo
SIN LETRA		Los 4 R,L,T y B

Y por ultimo un tercer carácter, un numero.

0	Sin margen o padding
1	Espacio 0.25
2	Espacio 0.5
3	Espacio 1
4	Espacio 1.5
5	Espacio 3
Auto	Margen Automático (Solo para margin)

Veamos un ejemplo con una marca de tipo **<p>**.

```
<p class="mx-2">Prueba de ambos márgenes con
margen 0.5</p>
```

Por último veamos en la imagen 7 un ejemplo de padding donde nos deja un espacio de 3 en la parte superior, ósea **pt-5**

```
<h1 class="bg-success pt-5">hello world</h1>
```

También podemos decir el ancho y/o el alto que ocupara una clase. En el ejemplo anterior agregaremos **w-25**, lo que indicara que ese objeto tendrá un tamaño que solo ocupara el **25%** de la pantalla.

```
<h1 class="bg-success pt-5 w-25">hello world</h1>
```

Por supuesto este número **w** puede variar hasta el **100%**. De la misma forma si quisiéramos marcar un alto en porcentaje, en vez de usar **w**, usaremos **h**.

```
<h1 class="bg-success pt-5 h-25">hello world</h1>
```

Botones:

La marca de html para crear un botón es **<button>**, dentro del suele ir el tipo de botón **type="subit"** o **type="reset"**, como para mencionar algún ejemplo. Bueno, con bootstrap, también podemos cambiar con una clase su apariencia o su color.

Ya vimos con anterioridad los colores en los textos, bueno, esto es algo similar. La clase es **class="btn"** y el color es similar al texto pero con las leras **btn** delante.

Ej: **class="btn btn-primary"**

```
<button class="btn btn-primary">Botón</button>
```

De la misma forma daré un ejemplo con un color Amarillo.

```
<button class="btn btn-warning">Botón</button>
```

Hay otro tipo de color que no habíamos visto con anterioridad que simula un hipervínculo, ósea un link.

```
<button class="btn btn-link">Botón</button>
```

Como estas clases de bootstrap son justamente eso, a cualquier marca podemos darle estas clases, por ejemplo si a una marca de tipo **<a>** que es usada para links, le ponemos una clase de bootstrap de tipo botón, al tener un comportamiento similar nos dará un buen regalo de un link con el comportamiento de botón, vemos un ejemplo.

```
<a class="btn btn-primary" href="#">Nuestro
Enlace</a>
```

Otro tipo de clase de botón es uno que tiene una línea de color al rededor y sin color dentro. El listado de colores es el mismo que venimos aprendiendo, pero a la clase se le agrega el prefijo **outline**. Veamos un ejemplo.

```
<button class="btn btn-outline-
primary">Botón</button>
```

A los botones también les podemos cambiar su tamaño. Veamos un ejemplo de botón grande.

```
<button class="btn btn-primary btn-
lg">Botón</button>
```

Tambien los tenemos en su tamaño chico, **class="btn-sm"**, small.

Pero también tenemos un tipo nuevo que es de tipo bloque, que abarca toda la pantalla. **Class="btn-block"**

```
<button class="btn btn-primary btn-
block">Botón</button>
```

Por último veamos un botón desplegable, de tipo **dropdown**. Esto es como crear un menú. Daremos un ejemplo de la creación de un botón de tipo menú con tres opciones.

```
<div class="dropdown">
  <button class="btn btn-primary" data-
togle="dropdown">
   Desplegable
  </button>
  <div class="dropdown-menu">
    <a href="#" class="dropdown-item">Item
Uno</a>
    <a href="#" class="dropdown-item">Item
Dos</a>
    <a href="#" class="dropdown-item">Item
Tres</a>
  </div>
</div>
```

Tambien es possible crear grupo de botones que nos serviran para crear un menu, ya sea con alineacion horizontal, con la clase **btn-group** o vertical con **class="btn-group-vertical"**

Ej:

```
<div class="btn-group">
  <button class="btn btn-primary">Uno</button>
  <button class="btn btn-primary">Dos</button>
  <button class="btn btn-primary">Tres</button>
</div>
```

A todo esto podríamos crearles dentro diferentes submenús como vimos previamente.

Biblioteca de Iconos:

Asi como bootstrap nos brinda un cdn de estilos. Existe también un web muy conocido que nos presta un cdn de iconos. Esta es **fontawesome.com**

De la misma forma que habíamos agregado la cdn de bootstrap, copiaremos el link de la web de fontawesome y lo pondremos en nuestro encabezado.

```
<head>
  <link rel="stylesheet" href="https://... >
</head>
```

El link lo podes obtener registrándote en el sitio web.

Ahora veamos un ejemplo de cómo poner un icono a nuestros botones, mediante una pequeña etiqueta **<i>**.

```
<button class="btn btn-primary">
  <i class="fa fa-user"></i>
  Botón
</button>
```

Siendo la clase **fa** por **fontawesome** y **fa-user** el tipo de icono. Podemos ver un listado de los iconos disponibles en el sitio web de fontawesome.

Este es un ejemplo de muchos otros cdn de iconos que podemos encontrar en la web.

Lista Group:

Como habíamos ya visto, cuando tengo un grupo de objetos puedo orientarlos tanto en forma vertical, que es como viene por defecto o en forma horizontal.
Primeramente tenemos que nombrar las clases que hacen posible los **listo grup** y esa son: **list-group** para la cracion del list.group y **list-group-item** para agregar cada uno de los ítems. Por ultimo mencionare que para el siguiente ejemplo, como también habíamos visto con anterioridad, es posible crear un list gruup con tamaño diferenciado de pantalla, sm, md, lg, xl y para este emeplo utilizareos una alineación horizontal pequeña.

Cras justo odio	Dapibus ac facilisis in	Morbi leo risus

Imagen 8

```
<ul class="list-group list-group-sm">
 <li class="list-group-item">Cras justo odio</li>
 <li class="list-group-item">Dapibus ac facilisis
in</li>
 <li class="list-group-item">Morbi leo risus</li>
</ul>
```

Por ultimo, si desearamos cambiar el color del item podriamos hacerlo agregando ek color al final de la clase

```html
<li class="list-group-item-primary">Morbi leo risus</li>
```

Clase badge:

Veamos dos ejemplos de este estilo, el cual se suele utilizar para mostrar la cantidad de mensajes.

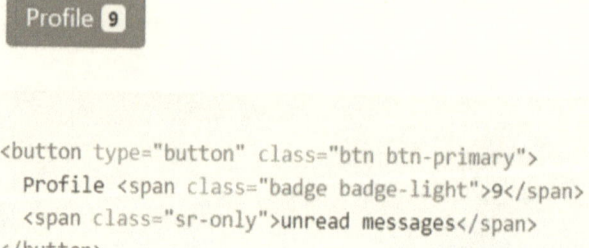

```
<button type="button" class="btn btn-primary">
  Profile <span class="badge badge-light">9</span>
  <span class="sr-only">unread messages</span>
</button>
```

Imagen 9

En esta imagen extraida del sitio web de bootstrap podemos apreciar un ejemplo de código y como lucen los badges.

Veamos un segundo ejemplo también del sitio web de bootstrap.

Primary Secondary Success Danger Warning Info Light Dark

```
<span class="badge badge-primary">Primary</span>
<span class="badge badge-secondary">Secondary</span>
<span class="badge badge-success">Success</span>
<span class="badge badge-danger">Danger</span>
<span class="badge badge-warning">Warning</span>
<span class="badge badge-info">Info</span>
<span class="badge badge-light">Light</span>
<span class="badge badge-dark">Dark</span>
```

Imagen 10

Si quisiéramos cambiar el tipo de badge por uno mas ovalado podemos usar la clase **badge-pill**

Ej: **badge badge-pill**

Animación:

Veamos otra cdn también famosa, pero esta vez esta permite crear animaciones para cualquier objeto.
A esta la podemos encontrar en su repositorio de git:
https://daneden.github.io/animate.css/

Solo debemos hacer click en el botón **view on github** y ahí encontraremos el siguiente link:
https://github.com/daneden/animate.css

Como venimos viendo hasta ahora solo hay que agregar el vinculo link dentro del encabezado para poder utilizar la cdn.

```
<head>
  <link rel="stylesheet" href="animate.min.css" >
</head>
```

Esto es si ya hemos descargado el .css, de lo contrario tambien podemos hacer un link directamente al host de animated.

```
<link rel="stylesheet"
href="https://cdnjs.cloudflare.com/ajax/libs/animate.
css/3.7.2/animate.min.css">
```

Supongamos que lo que queremos es animar una tarjeta entonces a la clase de bootstrap **card** le agregaremos las clases de **animate**
Veamos un código de ejemplo

```
<div class="card animated fadeInDown">Morbi leo
risus</li>
```

Donde **animated** indica que se usara animacion y xxx nos dice el tipo de animación, que simplemente la elijo desde el desplegable de la pagina principal de la cdn animated y preciono el botón animar.

En el caso de este ejemplo lo que hara será hacer una animación al cargar la pagina donde la tarjeta se cara desde arriba moviéndose hasta la posición final.

Barras de Navegación:

A mi entender las barras de navegación o **navbar** son una de las cosas más bonitas que tiene el formato estilizado de bootstrap. Para entender mejor de que estamos hablando podemos ver a continuación un ejemplo en la imagen de lo que sería una barra de navegación y el código necesario para generarla.

Navbar   Home   Link   Dropdown ▾   Disabled   Search   Search

Imagen 11

```
<nav class="navbar navbar-expand-lg navbar-light bg-light">
  <a class="navbar-brand" href="#">Navbar</a>
  <button class="navbar-toggler" type="button" data-toggle="collapse" data-target="#navbarSupportedContent" aria-controls = "navbarSupportedContent" aria-expanded="false" aria-label="Toggle navigation">
    <span class="navbar-toggler-icon"></span>
  </button>

  <div class="collapse navbar-collapse" id="navbarSupportedContent">
    <ul class="navbar-nav mr-auto">
    <li class="nav-item active">
      <a class="nav-link" href="#">Home <span class="sr-only"> (current) </span></a>
    </li>
    <li class="nav-item">
      <a class="nav-link" href="#">Link</a>
```

```
    </li>
    <li class="nav-item dropdown">
      <a class="nav-link dropdown-toggle" href="#"
id="navbarDropdown" role="button" data-
toggle="dropdown" aria-haspopup="true" aria-
expanded="false">
        Dropdown
      </a>
      <div class="dropdown-menu" aria-
labelledby="navbarDropdown">
        <a class="dropdown-item" href="#">Action</a>
        <a class="dropdown-item" href="#">Another
action</a>
        <div class="dropdown-divider"></div>
        <a class="dropdown-item" href="#">Something
else here</a>
      </div>
    </li>
    <li class="nav-item">
      <a class="nav-link disabled" href="#" tabindex="-
1" aria-disabled="true">Disabled</a>
    </li>
  </ul>
  <form class="form-inline my-2 my-lg-0">
    <input class="form-control mr-sm-2" type="search"
placeholder="Search" aria-label="Search">
    <button class="btn btn-outline-success my-2 my-
sm-0" type="submit">Search</button>
  </form>
  </div>
</nav>
```

Como vemos en la línea de abajo, tenemos una clase de tipo navbar y luego como vimos en ejemplos anteriores podemos indicarle el tamaño, en este caso su tamaño es lg osea largo. En realidad la clase usada es navbar-expand-lg lo que significa que la barra de navegación estará expandida cuando la pantalla se grande. Eso quiere decir que en caso contrario, o sea cuando la pantalla sea mediana o chica como son los casos de los celulares, la barra de navegación se contraerá dejándonos el menú plegado o colapsado con el típico botón de tres líneas que indica que podemos desplegar o des colapsar un menú de opciones.

Por último nos muestra el tipo de color o tema que tendrá la barra de navegación, en este caso es de tipo light, o sea claro. Otra opción podría ser de tipo dark.

```
<nav class="navbar navbar-expand-lg navbar-light bg-light">
```

Debajo, en la segunda linea podemos apreciar como aparece aquel que hace de titulo o de logo de la barra

```
<a class="navbar-brand" href="#">Navbar</a>
```

Y como vemos se usa esta clase dentro de una etiqueta de tipo <A>, esto es para poder generar un enlace o link al ser presionado el mismo.

La siguiente parte a destacar es aquella que vemos a continuación que es el código necesario para amar el botón colapsable anteriormente mencionado.

```
<button class="navbar-toggler" type="button" data-
toggle="collapse" data-
target="#navbarSupportedContent" aria-controls =
"navbarSupportedContent" aria-expanded="false" aria-
label="Toggle navigation">
  <span class="navbar-toggler-icon"></span>
</button>
```

También podemos ver como agregar algunos ítem del menú en forma de hipervínculo

```
<a class="nav-link" href="#">Home <span
class="sr-only"> (current) </span></a>
```

O lo vemos mas claramente con en el siguiente código con la clase **nav-item** especifica de bootstrap para crear un ítem. Con su correspondiente **nav-link**

```
<li class="nav-item">
  <a class="nav-link" href="#">Link</a>
</li>
```

Debajo vemos cual es el código necesario para crear aquel drop o desplegable que figura en la barra de navegación con el icono de la flechita para abajo.

```
<li class="nav-item dropdown">
  <a class="nav-link dropdown-toggle" href="#"
id="navbarDropdown" role="button" data-
toggle="dropdown" aria-haspopup="true" aria-
expanded="false">
    Dropdown
  </a>
```

```
    <div class="dropdown-menu" aria-
labelledby="navbarDropdown">
        <a class="dropdown-item" href="#">Action</a>
        <a class="dropdown-item" href="#">Another
action</a>
        <div class="dropdown-divider"></div>
        <a class="dropdown-item" href="#">Something
else here</a>
    </div>
  </li>
```

Y luego el código necesario para crear el botón desactivado (disable)

```
    <li class="nav-item">
    <a class="nav-link disabled" href="#" tabindex="-
1" aria-disabled="true">Disabled</a>
    </li>
```

Por último el formulario de búsqueda

```
    <form class="form-inline my-2 my-lg-0">
    <input class="form-control mr-sm-2" type="search"
placeholder="Search" aria-label="Search">
    <button class="btn btn-outline-success my-2 my-
sm-0" type="submit">Search</button>
    </form>
```

Vemos que dicho formulario de búsqueda tiene un botón de tipo btn btn-outline-success que hará a su vez de submit

Para terminar con este ejemplo debemos notar que el código de ejemplo al inicio tiene una etiqueta de html de tipo <nav> y se cierra con una </nav>. Que permiten el armado de la barra de navegacion

```
<nav class="navbar navbar-expand-lg navbar-light bg-light">
  .
  .
  .
</nav>
```

Ahora veamos otro pedazo de codigo de ejemplo como lo muestra la imagen 12 para ver como agregar un logo a nuestra barra

Imagen 12

```
<nav class="navbar navbar-light bg-light">
  <a class="navbar-brand" href="#">
    <img src="bootstrap-solid.svg" width="30" height="30" class="d-inline-block align-top" alt="">
    Bootstrap
  </a>
</nav>
```

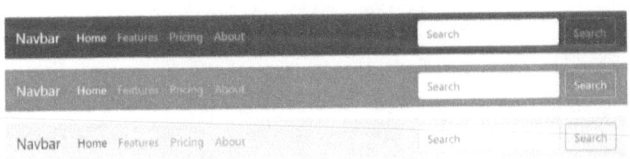

Imagen 13

En esta última imagen podemos ver un ejemplo de diferentes temas o esquemas con diferentes colores. Veamos un poco de código sobre esto.

```
<nav class="navbar navbar-dark bg-dark">
  <!-- Navbar content -->
</nav>

<nav class="navbar navbar-dark bg-primary">
  <!-- Navbar content -->
</nav>

<nav class="navbar navbar-light" style="background-color: #e3f2fd;">
  <!-- Navbar content -->
</nav>
```

Por ultimo su posicionamiento. Debajo veremos tres códigos diferentes. Uno para fijar la barra en la parte superior, el otro para fijarla en la parte inferior y por ultimo un sticky o pegajoso que se fija cuando se hace un scroll de la página web o aplicación.

```
<nav class="navbar fixed-top navbar-light bg-light">
  <a class="navbar-brand" href="#">Fixed top</a>
</nav>

<nav class="navbar fixed-bottom navbar-light bg-light">
```

```
<a class="navbar-brand" href="#">Fixed bottom</a>
</nav>


<nav class="navbar sticky-top navbar-light bg-light">
  <a class="navbar-brand" href="#">Sticky top</a>
</nav>
```

Otra opción que se puede aprovechar es la de utilizar estos botones de tipo colapsables y meter dentro determinada información que no necesariamente tendría porque tener ítems o links. Que podría si quisiéramos. Veamos en la figura 14 y 15 primero colapsado, luego sin colapsar y para finalizar el código de ejemplo que nos brinda la página de bootstrap.

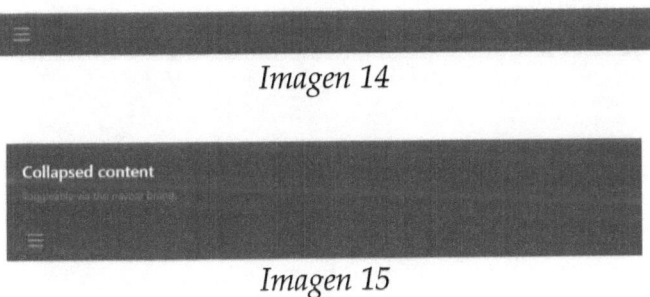

Imagen 14

Imagen 15

```
<div class="pos-f-t">
  <div class="collapse"
id="navbarToggleExternalContent">
    <div class="bg-dark p-4">
      <h5 class="text-white h4">Collapsed content</h5>
```

```
    <span class="text-muted">Toggleable via the
navbar brand.</span>
  </div>
  </div>
  <nav class="navbar navbar-dark bg-dark">
    <button class="navbar-toggler" type="button" data-
toggle="collapse" data-
target="#navbarToggleExternalContent" aria-
controls="navbarToggleExternalContent" aria-
expanded="false" aria-label="Toggle navigation">
      <span class="navbar-toggler-icon"></span>
    </button>
  </nav>
</div>
```

Alertas:

Y Ahora como vemos en la *imagen 16*, le toca el turno a las alertas. Veremos dos ejemplos, el ejemplo de la imagen 16 y el de la *imagen 17* que también son alertas, pero dentro tiene hipervínculos. De esta forma el estilo del hipervínculo se estiliza para hacer juego con el estilo de la alerta. Y en el ejemplo de la *imagen 18*, veremos también una alerta simple. Pero esta vez tendrá un pequeño icono a la derecha en forma de cruz, que es el encargado de cerrar esa alerta.

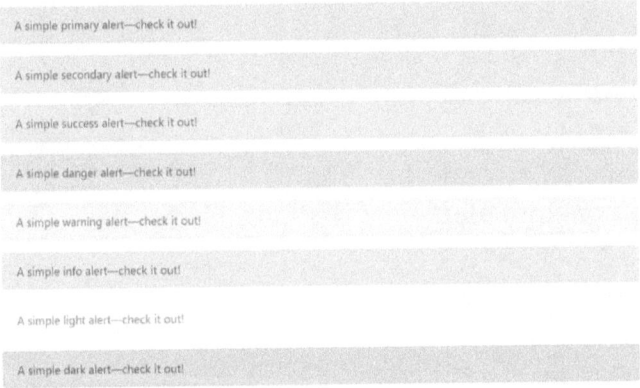

Imagen 16

```html
<div class="alert alert-primary" role="alert">
  A simple primary alert—check it out!
</div>
<div class="alert alert-secondary" role="alert">
  A simple secondary alert—check it out!
</div>
<div class="alert alert-success" role="alert">
  A simple success alert—check it out!
</div>
<div class="alert alert-danger" role="alert">
  A simple danger alert—check it out!
</div>
<div class="alert alert-warning" role="alert">
  A simple warning alert—check it out!
</div>
<div class="alert alert-info" role="alert">
  A simple info alert—check it out!
</div>
<div class="alert alert-light" role="alert">
  A simple light alert—check it out!
</div>
<div class="alert alert-dark" role="alert">
  A simple dark alert—check it out!
</div>
```

Como vemos el código es muy sencillo. Solo la clase alert y su color, como ejemplos de clases anteriores. En este primer código por ejemplo alert-primary. También vemos que la etiqueta role en este caso sería **Alert**

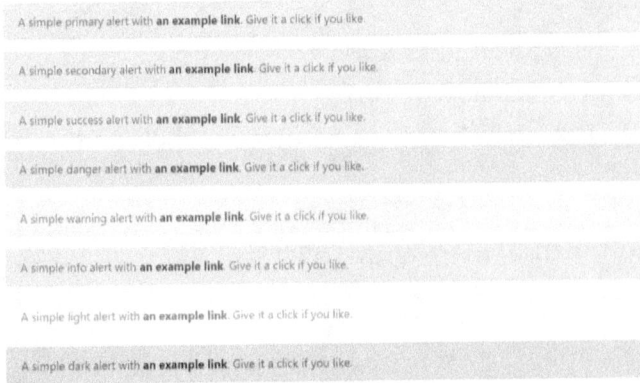

Imagen 17

```
<div class="alert alert-primary" role="alert">
  A simple primary alert with <a href="#" class="alert-link">an example link</a>. Give it a click if you like.
</div>
<div class="alert alert-secondary" role="alert">
  A simple secondary alert with <a href="#" class="alert-link">an example link</a>. Give it a click if you like.
</div>
<div class="alert alert-success" role="alert">
  A simple success alert with <a href="#" class="alert-link">an example link</a>. Give it a click if you like.
</div>
<div class="alert alert-danger" role="alert">
  A simple danger alert with <a href="#" class="alert-link">an example link</a>. Give it a click if you like.
</div>
<div class="alert alert-warning" role="alert">
  A simple warning alert with <a href="#" class="alert-link">an example link</a>. Give it a click if you like.
```

```
</div>
<div class="alert alert-info" role="alert">
  A simple info alert with <a href="#" class="alert-
link">an example link</a>. Give it a click if you like.
</div>
<div class="alert alert-light" role="alert">
  A simple light alert with <a href="#" class="alert-
link">an example link</a>. Give it a click if you like.
</div>
<div class="alert alert-dark" role="alert">
  A simple dark alert with <a href="#" class="alert-
link">an example link</a>. Give it a click if you like.
</div>
```

Como vemos en el ejemplo el código es muy sencillo.

```
<div class="alert alert-primary" role="alert">
  A simple primary alert with <a href="#" class="alert-
link">an example link</a>. Give it a click if you like.
</div>
```

Solo se trata de un **<div>** con una clase **alert** como venimos viendo, primero lleva el tipo de clase y luego el color. En este caso **alert-primary**. Pero también tenemos la clase **alert-link** que es para poner nuestro hipervínculo.

En último caso veamos la *imagen 18* que nos muestra cómo poner ese botón que nos permite cerrar la alerta como ya habíamos mencionado con anterioridad.

Holy guacamole! You should check in on some of those fields below.   ×

Imagen 18

```html
<div class="alert alert-warning alert-dismissible fade show" role="alert">
  <strong>Holy guacamole!</strong> You should check in on some of those fields below.
  <button type="button" class="close" data-dismiss="alert" aria-label="Close">
    <span aria-hidden="true">&times;</span>
  </button>
</div>
```

Barras de progreso:

Veamos ahora algunos ejemplos de barra de progreso.

Imagen 19

Ahora veamos el código html necesario para generar esta barra de progreso con su label, en este caso 25%.

```
<div class="progress">
 <div class="progress-bar" role="progressbar"
style="width: 25%;" aria-valuenow="25" aria-
valuemin="0" aria-valuemax="100">25%</div>
</div>
```

Como se puede ver es un código cortito. A esta altura del libro no es necesario explicar los nombres de las clases, solo hace falta en este caso señalar que que tenemos 3 numero 25, el primero será el ancho de la barra azul, luego tenemos el valor actual, véase que tiene valor mínimo y máximo y por ultimo antes del div, tenemos 25% que es el texto que aparece en el ejemplo.

En la *imagen 19* podemos ver otro ejemplo, pero esta vez, cambiando el color del fondo de la barra de progreso.

Imagen 20

```html
<div class="progress">
 <div class="progress-bar bg-success"
role="progressbar" style="width: 25%" aria-
valuenow="25" aria-valuemin="0" aria-
valuemax="100"></div>
</div>
<div class="progress">
 <div class="progress-bar bg-info" role="progressbar"
style="width: 50%" aria-valuenow="50" aria-
valuemin="0" aria-valuemax="100"></div>
</div>
<div class="progress">
 <div class="progress-bar bg-warning"
role="progressbar" style="width: 75%" aria-
valuenow="75" aria-valuemin="0" aria-
valuemax="100"></div>
</div>
<div class="progress">
 <div class="progress-bar bg-danger"
role="progressbar" style="width: 100%" aria-
valuenow="100" aria-valuemin="0" aria-
valuemax="100"></div>
</div>
```

Como dije anteriormente a esta altura, los ejemplos son fáciles de entender, así que sobran las explicaciones. Lo que facilita también poder entrar a la página oficial de bootstrap y entender la mayoría de los ejemplos que ahí se plantean.

El sitio oficial de bootstrap tiene una pequeña barra de búsquedas donde uno puede poner el texto a buscar. Como en este caso **progress** y nos arrojara como resultados diferentes ejemplos de las diferentes clases.

Esto le servirá al lector para ver el resto de las clases, quizás nuevas o existentes que escapen a este libro.

Vemos otro ejemplo, pero esta vez el de una barra que contiene un estilo particular y aparte una animación. Lo podemos ver en la próxima imagen y el próximo código.

Imagen 21

```
<div class="progress">
 <div class="progress-bar progress-bar-striped
progress-bar-animated" role="progressbar" aria-
valuenow="75" aria-valuemin="0" aria-valuemax="100"
style="width: 75%"></div>
</div>
```

Pero esta vez te recomiendo ir a dar una ojeada a los códigos y ejemplos de las barras que se presentan en la página oficial de bootstrap. Te dejo link de las barras de progreso:

https://getbootstrap.com/docs/4.3/components/progress

Como veras los ejemplo ya son fáciles de entender, y podes observar claramente que sobre un tema visto en el libro, en la paginas contas con abundante información, diferentes tipos y sus códigos de ejemplos.

Falta poco para terminar:

Ya vamos terminando de aprender los conceptos básicos, solo nos falta por ver algunas clases importantes o simpáticas y al final del libro veremos un ejemplo de un sitio web creado con bootstrap. Como se suele decir un ejemplo de la vida real.

A continuación veremos: La tarjetas (card), Carousel, Formularios (forms), Jumbotron, Ventanas Modales (modal), Popovers, Spinners, Toasts, Embeds, Sombras (Shadows), y por ultimo veremos el ya mencionado ejemplo de la vida real.

Las tarjetas (card):

Las tarjetas no son ni más ni menos que contenedores. O por lo menos así los define bootstrap. Estos contenedores constan de una cabecera y un cuerpo. Por supuesto como son todos o mejor dicho la mayoría de las clases de bootstrap tiende a tener los mismos estilos, es por eso que se crean lista o hipervínculos para poder usar dentro de esta clase tarjeta. Veamos algunos ejemplos (*Imagen 22*) que también interpretaremos del sitio web oficial de bootstrap.

Imagen 22

```html
<div class="card" style="width: 18rem;">
  <img src="..." class="card-img-top" alt="...">
  <div class="card-body">
    <h5 class="card-title">Card title</h5>
    <p class="card-text">Some quick example text to
build on the card title and make up the bulk of the
card's content.</p>
    <a href="#" class="btn btn-primary">Go
somewhere</a>
  </div>
</div>
```

En este código queda claro que la clase es la llamada **card** y en el estilo estamos viendo claramente el ancho, también vemos que cuenta con una imagen que esta posicionada en la parte superior y un cuerpo o **card-body** y vemos que utiliza un estilo para el titulo llamado **card-text** y aunque es fácil de deducir veamos los dos últimos estilos que se ven en este ejemplo, que son **card-text** para el texto de dentro y **btn btn-primary** que no es ni más ni menos que un botón como ya lo habíamos visto claramente con anterioridad en este libro.

Veamos cuales son las clases para los links.

```html
<a href="#" class="card-link">Card link</a>
<a href="#" class="card-link">Another link</a>
```

Y también veamos la clase para utilizar las listas.

```
<ul class="list-group list-group-flush">
 <li class="list-group-item">Cras justo odio</li>
 <li class="list-group-item">Dapibus ac facilisis
in</li>
 <li class="list-group-item">Vestibulum at eros</li>
 </ul>
```

Y en el próximo ejemplo de la *Imagen 23*, veremos para finalizar con el tema tarjetas un ejemplo que utiliza no solo el encabezado y el cuerpo, sino también el pie de página.

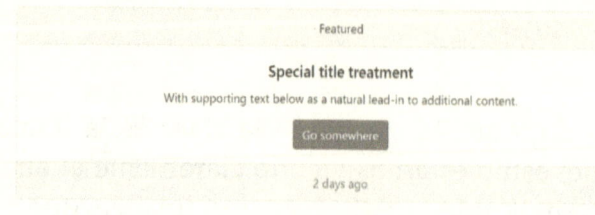

Imagen 23

```
<div class="card text-center">
 <div class="card-header">
  Featured
 </div>
 <div class="card-body">
  <h5 class="card-title">Special title treatment</h5>
  <p class="card-text">With supporting text below as a
natural lead-in to additional content.</p>
  <a href="#" class="btn btn-primary">Go
somewhere</a>
 </div>
 <div class="card-footer text-muted">
  2 days ago
 </div>
```

```
</div>
```

Creo que el código se explica por sí solo. Recomiendo ver el tema de las alineaciones y los colores de fondo de las tarjetas en la siguiente dirección web:

https://getbootstrap.com/docs/4.4/components/card/

Carousel:

El carousel es mas fácil de identificar por una imagen, y lo veremos en la *Imagen 24*, es el típico encabezado que suelen tener los blogs de wordpress donde contiene varias imágenes o textos o contenedores que se van deslizando automáticamente.

Imagen 24

```
<div id="carouselExampleControls" class="carousel slide" data-ride="carousel">
 <div class="carousel-inner">
  <div class="carousel-item active">
   <img src="..." class="d-block w-100" alt="...">
  </div>
  <div class="carousel-item">
   <img src="..." class="d-block w-100" alt="...">
  </div>
  <div class="carousel-item">
   <img src="..." class="d-block w-100" alt="...">
  </div>
 </div>
```

```
<a class="carousel-control-prev"
href="#carouselExampleControls" role="button" data-
slide="prev">
  <span class="carousel-control-prev-icon" aria-
hidden="true"></span>
  <span class="sr-only">Previous</span>
</a>
<a class="carousel-control-next"
href="#carouselExampleControls" role="button" data-
slide="next">
  <span class="carousel-control-next-icon" aria-
hidden="true"></span>
  <span class="sr-only">Next</span>
</a>
</div>
```

En este código, vemos claramente que el carousel está dividido en ítems, uno de ellos activo, por otro lado también cuenta con un control de previo y otro de próximo.

Sírvase ver el sitio web oficial de bootstrap para encontrar más ejemplos y estilo que se pueden generar con esta clase tan simpática.

Formularios (forms):

Veamos un simple ejemplo de formulario en la *Imagen 25* con su correspondiente condigo ejemplo debajo, aunque en la parte final de este libro daremos un ejemplo práctico llamado *Ejemplo de la vida real*, donde retomaremos el concepto de la utilización de formularios, pero esta vez enmarcado en algún tipo de contenedor para darle formato.

Email address

We'll never share your email with anyone else.

Password

☐ Check me out

Submit

Imagen 25

```html
<form>
  <div class="form-group">
    <label for="exampleInputEmail1">Email
address</label>
    <input type="email" class="form-control"
id="exampleInputEmail1" aria-
describedby="emailHelp">
    <small id="emailHelp" class="form-text text-
muted">We'll never share your email with anyone
else.</small>
  </div>
  <div class="form-group">
    <label
for="exampleInputPassword1">Password</label>
    <input type="password" class="form-control"
id="exampleInputPassword1">
  </div>
  <div class="form-group form-check">
    <input type="checkbox" class="form-check-input"
id="exampleCheck1">
    <label class="form-check-label"
for="exampleCheck1">Check me out</label>
  </div>
  <button type="submit" class="btn btn-
primary">Submit</button>
</form>
```

Si contas con un poco de conocimiento acerca del html y el manejo de formularios, este código debería explicarse por sí solo. Si no es así, te recomiendo investigar un poco acerca del uso de los formularios, que es bastante utilizado, pero que escapa a este libro ya que entiende un uso un poco más avanzado del html.

También te recomiendo buscar información en el sitio oficial de bootstrap acerca de como estilizar los diferentes elementos que suelen conformar los formularios.

Jumbotron:

Como en el caso de carousel, es más fácil identificar un Jumbotron si vemos de que se trata en la *imagen 26*. Aunque podemos adelantar que se trata de otro tipo de contenedor, como lo son las tarjetas.

Imagen 26

No te dejes engañar por el tamaño de la imagen, este contenedor jumbotron es bastante grande y quiero aclarar que también se lo puede meter dentro de un contenedor, mediante las diferente etiquetas **div** y clases **container**, esto sería de utilizada para alinearlo o cambiarle el tamaño. Ahora aquí debajo veremos el código que hace posible este ejemplo.

```
<div class="jumbotron">
  <h1 class="display-4">Hello, world!</h1>
  <p class="lead">This is a simple hero unit, a simple
jumbotron-style component for calling extra attention
to featured content or information.</p>
  <hr class="my-4">
```

```
<p>It uses utility classes for typography and spacing
to space content out within the larger container.</p>
  <a class="btn btn-primary btn-lg" href="#"
role="button">Learn more</a>
</div>
```

Ventanas Modales (modal):

Son aquellas ventanas que se abren dentro de la ventana del navegador que nos muestran alguna indicación. Para poder realizar este ejercicio debemos primero crear un botón que será el culpable del evento que disparara nuestra ventana modal. Veamos la *Imagen 27* con su correspondiente código, que al pulsar el botón general el ejemplo de la *Imagen 28* también con su correspondiente código.

Imagen 27

```
<!-- Button trigger modal -->
<button type="button" class="btn btn-primary" data-toggle="modal" data-target="#exampleModal">
  Launch demo modal
</button>
```

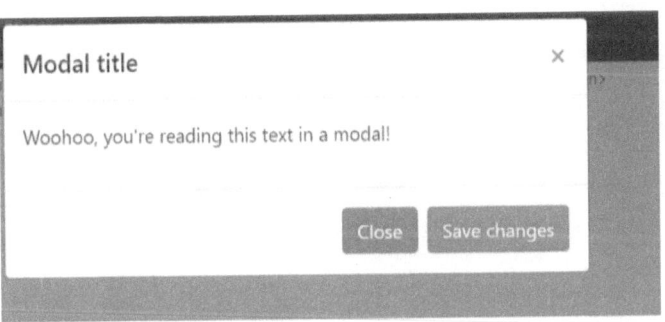

Imagen 28

Podemos ver claramente como el resto de la pagina se cubre por un color negro transparente, lo que indica que esta inhabilitado en ese momento esperando que se genere una acción en la ventana modal.

También podemos ver que a modo de ejemplo poseemos en la esquina superior derecha una **x** que nos sirve de botón de cerrar y también tiene un botón que dice **close** que también nos servirá para la misma acción. En este ejemplo el otro botón posee el texto **Save changes** que en realidad no hará nada ya que no se ejecutara una acción de ese tipo al tratarse esto tan solo de un ejemplo.

```html
<!-- Modal -->
<div class="modal fade" id="exampleModal"
tabindex="-1" role="dialog" aria-
labelledby="exampleModalLabel" aria-hidden="true">
  <div class="modal-dialog" role="document">
   <div class="modal-content">
    <div class="modal-header">
     <h5 class="modal-title"
id="exampleModalLabel">Modal title</h5>
     <button type="button" class="close" data-
dismiss="modal" aria-label="Close">
       <span aria-hidden="true">&times;</span>
     </button>
    </div>
    <div class="modal-body">
     ...
    </div>
    <div class="modal-footer">
```

```
    <button type="button" class="btn btn-secondary"
data-dismiss="modal">Close</button>
    <button type="button" class="btn btn-
primary">Save changes</button>
   </div>
  </div>
 </div>
</div>
```

Como vemos el código es fácil de entender y de leer.

Popovers:

Veremos claramente por lo que nos muestra la *Imagen 29* que se desprende un **Pop Over** con mayor información a ser presionado el botón. Esto está claramente ilustrado en la *Imagen 30*.

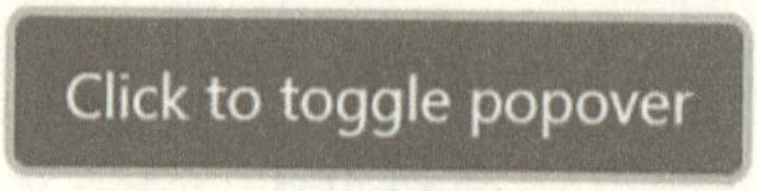

Imagen 29

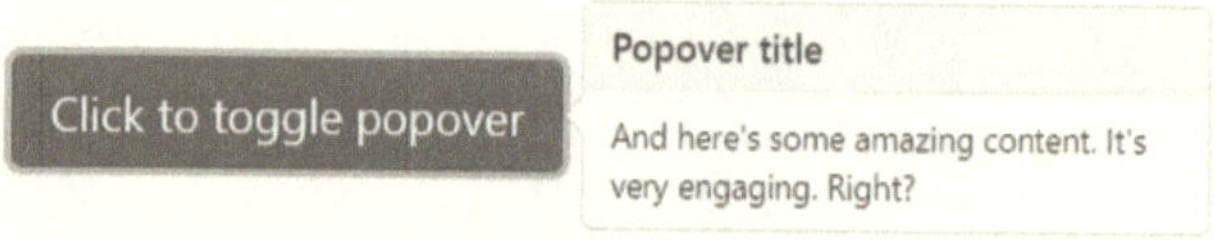

Imagen 30

Veamos el código que hace esto posible.

```
<button type="button" class="btn btn-lg btn-danger" data-toggle="popover" title="Popover title" data-content="And here's some amazing content. It's very engaging. Right?">Click to toggle popover</button>
```

Spinners:

Incentivo al lector a entrar a:

https://getbootstrap.com/docs/4.4/components/spinners/

Para poder apreciar los diferentes tipos de Spinners (iconos giratorios) y los diversos ejemplos de como generarlos, veremos aquí un código que cambia posee diferentes colores de ejemplo y también la *Imagen 31* que nos muestra la apariencia de dichos spinners

Imagen 31

```
<div class="spinner-border text-primary"
role="status">
  <span class="sr-only">Loading...</span>
</div>
<div class="spinner-border text-secondary"
role="status">
  <span class="sr-only">Loading...</span>
</div>
<div class="spinner-border text-success" role="status">
  <span class="sr-only">Loading...</span>
</div>
<div class="spinner-border text-danger" role="status">
  <span class="sr-only">Loading...</span>
</div>
<div class="spinner-border text-warning"
role="status">
  <span class="sr-only">Loading...</span>
```

```
</div>
<div class="spinner-border text-info" role="status">
  <span class="sr-only">Loading...</span>
</div>
<div class="spinner-border text-light" role="status">
  <span class="sr-only">Loading...</span>
</div>
<div class="spinner-border text-dark" role="status">
  <span class="sr-only">Loading...</span>
</div>
```

Toasts:

En este ejemplo no veremos el más sencillo que sería generar una sola, veremos uno que se llama de pila, donde se van acumulando varias. En este caso dos y es mas practico ya que podemos ver qué sucede cuando se van cerrando.

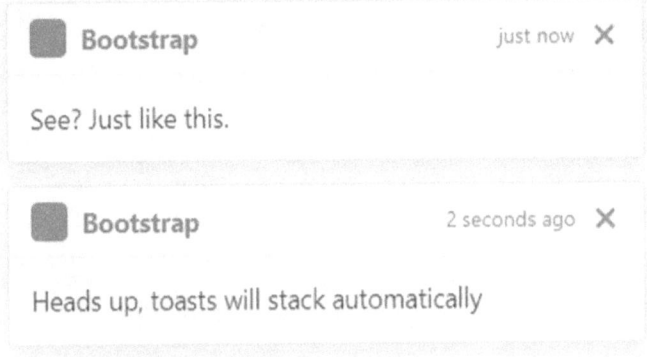

Imagen 32

```html
<div class="toast" role="alert" aria-live="assertive" aria-atomic="true">
  <div class="toast-header">
    <img src="..." class="rounded mr-2" alt="...">
    <strong class="mr-auto">Bootstrap</strong>
    <small class="text-muted">just now</small>
    <button type="button" class="ml-2 mb-1 close" data-dismiss="toast" aria-label="Close">
      <span aria-hidden="true">&times;</span>
    </button>
  </div>
  <div class="toast-body">
```

See? Just like this.
```
  </div>
</div>

<div class="toast" role="alert" aria-live="assertive" aria-atomic="true">
  <div class="toast-header">
    <img src="..." class="rounded mr-2" alt="...">
    <strong class="mr-auto">Bootstrap</strong>
    <small class="text-muted">2 seconds ago</small>
    <button type="button" class="ml-2 mb-1 close" data-dismiss="toast" aria-label="Close">
      <span aria-hidden="true">&times;</span>
    </button>
  </div>
  <div class="toast-body">
    Heads up, toasts will stack automatically
  </div>
</div>
```

Vemos claramente como el código está dividido en dos alertas de tipo **toast**, que debemos mencionar que son simpáticas y hasta divertidas.

Embeds:

Los objetos incrustados, como por ejemplo los videos o los audios, son el ante último tema que estaremos tocando, antes de pasar a lo que denominamos **Ejemplo de la vida real.**

```
<div class="embed-responsive embed-responsive-
16by9">
  <iframe class="embed-responsive-item"
src="https://www.youtube.com/embed/......"
allowfullscreen></iframe>
</div>
```

Sombras (Shadows):

Imagen 33

```
<div class="shadow-none p-3 mb-5 bg-light
rounded">No shadow</div>
<div class="shadow-sm p-3 mb-5 bg-white
rounded">Small shadow</div>
<div class="shadow p-3 mb-5 bg-white
rounded">Regular shadow</div>
<div class="shadow-lg p-3 mb-5 bg-white
rounded">Larger shadow</div>
```

Para terminar:

Bueno, y con esto hemos llegado al final de la lista de estilos que selecciones para enseñarles, como siempre menciono si entran en el sitio web oficial podrán encontrar muchísimos más ejemplos y muchísimos más estilos, pero al haber finalizado este libro, el lector se encuentra capacitado para entender en su totalidad el sitio oficial de bootstrap.

Ejemplo de la vida real:

```
<!DOCTYPE html>
<html lang="es">
 <head>
<meta name="keywords" content="Lavandina,
detergente, productos de limpieza, limpieza">
   <meta charset="utf-8">
   <meta name="viewport" content="width=device-
width, initial-scale=1, shrink-to-fit=no">
   <title>Productos de Limpieza</title>
   <link rel="stylesheet"
href="https://stackpath.bootstrapcdn.com/bootstrap/
4.3.1/css/bootstrap.min.css" integrity="sha384-
ggOyR0iXCbMQv3Xipma34MD+dH/1fQ784/j6cY/iJT
QUOhcWr7x9JvoRxT2MZw1T"
crossorigin="anonymous">

<script data-ad-client="ca-pub-000000000000" async
src="https://pagead2.googlesyndication.com/pagead/
js/adsbygoogle.js"></script>

</head>
   <img src="./arriba.jpg" class="img-fluid mx-auto d-
block">
<div class="container" style="background:transparent
url('./fondo.jpg') no-repeat center center /cover" >
<body style="background-color:black;">

<nav class="navbar navbar-expand-lg navbar-dark bg-
dark sticky-top">
```

```html
<a class="navbar-brand" href="#">Venta Articulos de
Limpieza</a>
<button class="navbar-toggler" type="button" data-
toggle="collapse" data-
target="#navbarNavAltMarkup" aria-
controls="navbarNavAltMarkup" aria-
expanded="false" aria-label="Toggle navigation">
  <span class="navbar-toggler-icon"></span>
</button>
<div          class="collapse         navbar-collapse"
id="navbarNavAltMarkup">
  <div class="navbar-nav">
    <a class="nav-item nav-link active"
href="index.htm">Principal <span class="sr-
only">(current)</span></a>
    <a class="nav-item nav-link"
href="articulos.htm">Catalogo de Articulos</a>
    <a class="nav-item nav-link"
href="ventas.htm">Puntos de Ventas</a>
    <a class="nav-item nav-link"
href="contacto.htm">Contacto</a>
  </div>
</div>
</nav>


<h2 class="text-center text-white-50">Bienvenido a
<strong>ventadearticulosdelimpiezaejemplo.com</str
ong></h2>
    <br>
        <p class="text-justify mx-4 text-light">Usted
a llegado al sitio más completo de venta de productos
de limpieza en linea.</p>
        <br>
```

```
<p class="text-center text-danger"><strong>Tenga en cuenta que todos nuestros productos están garantizados</strong></p>

<p class="text-center text-white-50">Haga click sobre el producto deseado</p>
<a class="text-center nav-item nav-link text-danger" href="lavandina.htm">Lavandinas</a>
<a class="text-center nav-item nav-link text-danger" href="detergente.htm">detergentes</a>
<a class="text-center nav-item nav-link text-danger" href="desinfectantes.htm">Desinfectantes</a>
<p class="text-center invisible">detergentes, lavandinas, jabones, trapos de pizo, productos de limpieza, desinfectantes</p>
      <br>
<hr>
<p class="text-justify text-muted mx-3">
<strong>Términos y Condiciones del servicio</strong><br>
Negamos rotunda y definitivamente cualquier contacto con menores de 18 años. Utilizare los servicios y/o productos. Utilizar cualquiera de los servicios o productos será considerado aceptación de estas políticas y términos.

</p>
<br>


<a class="text-center nav-item nav-link text-white" href="privacidad.htm">Privacidad</a>
```

```
<a class="fixed-bottom text-info ml-5"
href="cookies.htm"><strong>Información sobre el uso
de cookies</strong></a>


    <script src="https://code.jquery.com/jquery-
3.3.1.slim.min.js" integrity="sha384-
q8i/X+965DzO0rT7abK41JStQIAqVgRVzpbzo5smXKp
4YfRvH+8abtTE1Pi6jizo"
crossorigin="anonymous"></script>
    <script
src="https://cdnjs.cloudflare.com/ajax/libs/popper.js
/1.14.7/umd/popper.min.js" integrity="sha384-
UO2eT0CpHqdSJQ6hJty5KVphtPhzWj9WO1clHTMGa
3JDZwrnQq4sF86dIHNDz0W1"
crossorigin="anonymous"></script>
    <script
src="https://stackpath.bootstrapcdn.com/bootstrap/4.
3.1/js/bootstrap.min.js" integrity="sha384-
JjSmVgyd0p3pXB1rRibZUAYoIIy6OrQ6VrjIEaFf/nJGz
IxFDsf4x0xIM+B07jRM"
crossorigin="anonymous"></script>
  </body>
</div>
</html>
```

Análisis del código:

Realiza una lectura y un análisis rápido del código, y pregúntate de que se trata. Si dijiste, que al parecer se asemeja a una página web, parte de un sitio web dedicado a la venta de productos de limpieza, vamos por el camino correcto.

Ahora comencemos a analizar cada fragmento.

```
<!DOCTYPE html>
<html lang="es">
  <head>
```

Encabezamos con el formato del documento que en este caso es **html** y decimos que es el lenguaje del contenido será mayoritariamente en **español** y luego abrimos la etiqueta **<head>** que es donde pondremos los datos del encabezado.

```
<meta name="keywords" content="Lavandina, detergente, productos de limpieza, limpieza">
  <meta charset="utf-8">
  <meta name="viewport" content="width=device-width, initial-scale=1, shrink-to-fit=no">
  <title>Productos de Limpieza</title>
```

Aquí, en esta parte del código y dentro del encabezado, vemos las etiquetas **keywords** que se utilizan para poner las palabras claves, ¿qué es lo que significa?, que cuando el motor de búsquedas indexe nuestro sitio (por ejemplo google) vera que nuestro sitio web desea ser encontrado con estas palabras claves, en este ejemplo: Lavandina, detergente, productos de limpieza, limpieza.

Otra etiqueta que vemos, que viene justo a continuación es **charset** que su traducción es juego de caracteres, en este caso el juego de caracteres que se eligió es el **utf-8** esto es para que los acentos, la ñ y otros caracteres especiales sean bien representados en el sitio web.

También tenemos el **viewport** que es el que nos indica la escala del dispositivo.

Y por ultimo **<title>** que se utiliza para que figure el titulo del sitio web, que se mostrara en la barra de títulos de la ventana del navegador.

Bueno, hasta aquí, las cosas no tienen demasiada diferencia con otro sitio que no utilice bootstrap. Pero valía la pena explicar esto un poco por encima, para aquel lector que no tuviera del todo claro los conceptos. Y para que los repase aquel que ya los conocía.

```
<link rel="stylesheet"
href="https://stackpath.bootstrapcdn.com/bootstrap/
4.3.1/css/bootstrap.min.css" integrity="sha384-
ggOyR0iXCbMQv3Xipma34MD+dH/1fQ784/j6cY/iJT
QUOhcWr7x9JvoRxT2MZw1T"
crossorigin="anonymous">
```

Esta línea encabezada por **link** es la que habíamos señalado al inicio del libro, las que nos permite tener accesos a los códigos y estilos del bootstrap.

```
<script data-ad-client="ca-pub-000000000000" async
src="https://pagead2.googlesyndication.com/pagead/
js/adsbygoogle.js"></script>

</head>
```

Y es aquí un buen lugar para poner el código que nos brinda google ads para las publicidades automáticas dentro de nuestro sitio. Para luego terminar con la cabecera con **</head>**.

```
<img src="./arriba.jpg" class="img-fluid mx-auto d-block">
```

Con esta linea de codigo ponemos una imagen a mode de banner en la parte superior de la pagina, cuyo archive de imagen se llama **arriba.jpg** y esta hubicado en el directorio raíz de nuestro sitio web.

```
<div class="container" style="background:transparent url('./fondo.jpg') no-repeat center center /cover" >
<body style="background-color:black;">
```

En esta otra parte lo que hacemos es decir que la imagen de fondo que aparecera en nuestro sitio web es ./fondo.jpg y que el color de fondo del sitio web que estará por debajo de la imagen será de color negro.

```
<nav class="navbar navbar-expand-lg navbar-dark bg-dark sticky-top">
<a class="navbar-brand" href="#">Venta Articulos de Limpieza</a>
```

```
<button class="navbar-toggler" type="button" data-
toggle="collapse" data-
target="#navbarNavAltMarkup" aria-
controls="navbarNavAltMarkup" aria-
expanded="false" aria-label="Toggle navigation">
  <span class="navbar-toggler-icon"></span>
</button>
<div          class="collapse          navbar-collapse"
id="navbarNavAltMarkup">
  <div class="navbar-nav">
   <a class="nav-item nav-link active"
href="index.htm">Principal <span class="sr-
only">(current)</span></a>
   <a class="nav-item nav-link"
href="articulos.htm">Catalogo de Articulos</a>
   <a class="nav-item nav-link"
href="ventas.htm">Puntos de Ventas</a>
   <a class="nav-item nav-link"
href="contacto.htm">Contacto</a>
  </div>
  </div>
</nav>
```

Claramente en este bloque de texto es donde creamos el
menú o barra de navegación, con su link y sus
correspondientes vincurlos, como lo es **contacto** con
contacto.htm veamos también que ponemos iconos y
algunas otras particularidades que habíamos visto a la
hora de ver los **navbar**

<h2 class="text-center text-white-50">Bienvenido a <strong>ventadearticulosdelimpiezaejemplo.com</strong></h2>

        <p class="text-justify mx-4 text-light">Usted a llegado al sitio más completo de venta de productos de limpieza en linea.</p>

        <p class="text-center text-danger"><strong>Tenga en cuenta que todos nuestros productos están garantizados</strong></p>

        <p class="text-center text-white-50">Haga click sobre el producto deseado</p>
        <a class="text-center nav-item nav-link text-danger" href="lavandina.htm">Lavandinas</a>
        <a class="text-center nav-item nav-link text-danger" href="detergente.htm">detergentes</a>
        <a class="text-center nav-item nav-link text-danger" href="desinfectantes.htm">Desinfectantes</a>
        <p class="text-center invisible">detergentes, lavandinas, jabones, trapos de pizo, productos de limpieza, desinfectantes</p>

<hr>
<p class="text-justify text-muted mx-3">
<strong>Términos y Condiciones del servicio</strong>
Negamos rotunda y definitivamente cualquier contacto con menores de 18 años. Utilizare los servicios y/o productos. Utilizar cualquiera de los servicios o productos será considerado aceptación de estas

políticas y términos.

```
</p>
<br>
<a class="text-center nav-item nav-link text-white"
href="privacidad.htm">Privacidad</a>
```

En todo este texto tenemos el contenido de la pagina en si. Comieza con un titulo de tipo **h2** que dice Bienvenidos a... con etiquetas **strong** para destacar el nombre del sitio y luego y por debaja algunos textos con hipervínculos que hacen al contenido. Incluso contamos con textos de tipo invisibles que será utilizados, también para la indexación por parte de los motores de búsqueda, pero que no serán visibles en nuestro sitio web.

Casi al final encontramos las condiciones de uso del sitio web.

Y para terminar un link que nos envía a la pagina donde se aclararan las políticas de privacidad del sitio.

```
<a class="fixed-bottom text-info ml-5"
href="cookies.htm"><strong>Información sobre el uso
de cookies</strong></a>
```

Este es un hipervinculo que permance flotante a medida que se desliza la pagina que indica que hagamos click si deseamos accede a la pagina que contine la descripcion del uso de cookies, como lo piden las politicas de algunas regions, como por ejemplo la Union Europea.

```
<script src="https://code.jquery.com/jquery-
3.3.1.slim.min.js" integrity="sha384-
q8i/X+965DzO0rT7abK41JStQIAqVgRVzpbzo5smXKp
4YfRvH+8abtTE1Pi6jizo"
crossorigin="anonymous"></script>
  <script
src="https://cdnjs.cloudflare.com/ajax/libs/popper.js
/1.14.7/umd/popper.min.js" integrity="sha384-
UO2eT0CpHqdSJQ6hJty5KVphtPhzWj9WO1clHTMGa
3JDZwrnQq4sF86dIHNDz0W1"
crossorigin="anonymous"></script>
  <script
src="https://stackpath.bootstrapcdn.com/bootstrap/4.
3.1/js/bootstrap.min.js" integrity="sha384-
JjSmVgyd0p3pXB1rRibZUAYoIIy6OrQ6VrjIEaFf/nJGz
IxFDsf4x0xIM+B07jRM"
crossorigin="anonymous"></script>
```

Como habíamos dicho al inicio del libro, no solo
cebemos incluir la etiqueta **link** en el encabezado para
que se pueda utilizar bootstrap o mejor dicho los estilos
de bootstrap, sino que también es necesario incluir los
scripts de java necesarios para el comportamiento del
sitio web. Como es bien sabido, como los script de java
tardan un poco más en cargar, es aconsejable ponerlos
justo antes de cerrar **</body>** así de esta forma se
puede ir mostrando todo el contenido del sitio y por
último el navegador tendrá oportunidad de cargar el
comportamiento de cada objeto y cada botón,
volviéndose casi imperceptible para el navegante.

```
</body>
</div>
</html>
```

Vemos en esta parte final, lo que se hace es cerrar el body, aquel div del inicio y también el código html.

Hemos llegado al final del libro y espero el lector se haya podido hacer una buena idea de lo que es trabajo con bootstrap.

Te recomendamos entrar en:

www.whitetowerpublishing.com/code/bootstrap_01.htm

Si deseas acceder al código de ejemplo dispuesto como ejemplo de la vida real.

Libros recomendados de la editorial

Informática:

Computación Cuántica
Delphi - Manual del usuario
Delphi – Principiantes
Inteligencia Artificial
Linux – Principiantes
PHP - Manual del usuario
PHP – Principiantes
Python - Manual del usuario
Python – Principiantes
WebGL - Babylon.JS

Idiomas:

Árabe – Principiantes

Cine:
Dirección de Fotografía

Podes acceder al catalogo completo de libros entrando
al sitio web de la editorial
www.whitetowerpublishing.com

ACERCA DEL AUTOR

Tecnico en Electronica y Analista Programador.
Realizador Integral de Cine y Television, Director de
Fotografía. Escritor, Guionista, Traductor Español,
Portugues, Italiano, Aleman, Ingles.

www.ingramcontent.com/pod-product-compliance
Lightning Source LLC
Chambersburg PA
CBHW020547220526
45463CB00006B/2218